CRUCIAL DOIS UM

CRUCIAL DOIS UM

Paulo Scott

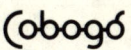

Sumário

Num futuro e num lugar indeterminados,
por Inez Viana						9

CRUCIAL DOIS UM					15

Funcionário contra funcionário,
por Veronica Stigger					121

Num futuro e num lugar indeterminados

> "Jamais poderei salvar o país ou o mundo, Luisa, as dramaturgias não têm esse poder. E sei que não é prudente a ideia de enxergar vida dentro do sonho de um morto."
> — Paulo Scott, *Habitante irreal*

Ainda não descobri qual o poder da dramaturgia, mas quando me deparo com um texto como *Crucial Dois Um*, que subverte ordens, que me tira da inércia como leitora, que é capaz de me guiar numa leitura febril com tantas epifanias, acho que ela tem, sim, o poder de me salvar!

Quando acabei de ler esta peça, arrebatada, voltei ao excepcional romance *Habitante irreal*, deste admirável escritor, Paulo Scott, e, chegando aos seus dois terços, esta dramaturgia revela-se lá, numa sinopse escrita por Donato, um personagem indígena de 14 anos.

(No romance, horas depois de saber que havia tirado o primeiro lugar no concurso de dramaturgia do colégio, com a peça *Crucial Dois Um*, Donato recebe a notícia de que seu pai de criação havia morrido num acidente aéreo. Ele é filho biológico de Paulo, um homem branco, com a indígena Maína, da tribo

Guarani, que morava às margens da BR-116, no Sul do Brasil, mas foi criado por outro homem branco, Henrique, a pedido da mãe, minutos antes de ela suicidar-se aos 17 anos. Sua vida, portanto, é permeada por mortes e abandonos, visto que o pai biológico nem sabe de sua existência. O estudo o exime do lamento, e a biblioteca é seu maior refúgio. Talvez, por desígnio, Donato necessite ressuscitar seus mortos para dar sentido à sua existência, e, olhando ao redor, já percebe a desigualdade que a transpõe. Cria, então, na dramaturgia, o Retorno Vinte e Um, um método de ressuscitação temporária.)

A peça *Crucial Dois Um* ainda não está escrita, apenas seu resumo. Aqui, trago um fragmento do romance:

> [...] o governo, um governo indeterminado, desenvolveu um método de ressuscitação com o propósito de garantir uma sobrevida de vinte e uma horas, o serviço é prestado sob o regime de monopólio e se revelou uma das formas mais eficazes de obtenção de dinheiro pros cofres públicos, só os ricos podem contratá-lo, pois o preço é alto, a principal condição imposta pelo governo aos eventuais contratantes é que, nas primeiras sete horas da sobrevida, resolvam suas obrigações com o fisco, com o tesouro público, tendo de se submeter a um interrogatório, sob o efeito de uma droga que, durante essas sete horas, o impedirá de mentir [...]

Em cena, a cliente, que acaba de retornar à vida, e o funcionário, ambos afrodescendentes, convivem num espaço estéril, em que as relações, a princípio distintas, vão sendo reveladas e confrontadas por suas diferentes classes sociais, e, apesar de terem saído do mesmo lugar de origem, seguiram em experiências de vida bastante díspares. Com o passar do tempo, percebe-se que se inicia ali uma inesperada cumplicidade e, com isso, tudo se ilumina de forma singular e até divertida, quando vemos a cliente experimentar a liberdade, ludibriando as regras impostas pelo Funcionário. Ela tem a chance de perceber como viveu sua vida, assim como nós temos, a partir deste texto, a perspectiva do sentido de estarmos aqui.

O representante dos credores chega ao texto, quase no final, e a cliente, pela primeira vez na vida, ou na pós-vida, tem um arroubo de coragem e determinação, que nos gera até livramento: "Os chefões não passam de homenzinhos desesperados por saídas fáceis, por atalhos, pelo doce maior no balcão..."

A cliente desperta. Ela não aceita mais as regras impostas, e, pela primeira vez, se percebe dona de seus desejos. E a simples escuta para a história do outro, no caso o funcionário, a transforma, inaugurando uma profunda percepção de toda uma vida descartável.

Crucial Dois Um nos traz reflexões sobre o poder, classes sociais, povos e ética. É um texto profundo, complexo, que nos tira toda a passividade não só pelo próprio questionamento de uma vida após a morte, mesmo que isso seja uma metáfora, que ressuscitar seja no sentido de retomar, refundar, fazer diferente, pensar no futuro que não veremos, mas que queremos deixar, não nos calarmos diante de barbáries, injustiças, preconceitos, mesmo que isso pareça quimérico. Completa sua profundidade a improvável relação da cliente com o funcionário, sobretudo ao nosso anseio pelo momento em que essas linhas perpendiculares se cruzam.

Paulo Scott nomeia Donato, um jovem indígena, o brilhante autor de *Crucial Dois Um*, prevendo, ainda, que no futuro ele possa se tornar mais uma voz atuante, como tantos outros representantes de povos originários: Krenak, Kopenawa, Xakriabá, Munduruku, Kaiowá, Esbell, Guajajara... e isso, a meu ver, é tão simbólico numa dramaturgia sobre ressuscitação, que me faz pensar sobre desenterrar memórias capazes de colocar o Brasil em xeque, desde a sua invasão, em 1499, até a não culpabilidade por seu passado sombrio, pelos golpes promovidos por um Estado autoritário, retirando o livre-arbítrio de toda uma nação. Aliás, escrevo este texto à luz da votação do marco temporal e suponho que, se ele for reconhecido, o direito dos povos indígenas aos seus territórios será restringido e teremos a certeza de que estaremos diante de uma tragédia anunciada. Respeitemos as terras ocupadas por indígenas e seus ancestrais! A nossa passagem pela terra deveria ter como objetivo melhorá-la e não destruí-la. Em sua sabedoria, Daniel Munduruku diz que "se eu pudesse ressuscitar alguém por um dia, eu gostaria muito de saber como é morrer".

Agora, publicado pela Editora Cobogó, *Crucial Dois Um*, do genial romancista e poeta Paulo Scott, nos provoca e nos coloca nesse lugar indeterminado, deixando que a gente sinta até o cheiro do lugar, dos personagens... nos permitindo, ainda, pensar no tempo que nos resta.

Inez Viana
Atriz, diretora teatral, dramaturga
Junho de 2023

CRUCIAL DOIS UM

de Paulo Scott

O espetáculo *Crucial Dois Um* estreou em Porto Alegre, em 17 de maio de 2007, no Teatro Museu do Trabalho.

Direção
Gilson Vargas

Elenco
Vanise Carneiro e Marcos Contreras

Participação
José Baldissera

Direção de produção
Letícia Vieira

Cenário
Zoé Degani

Iluminação
Fernando Ochôa

Figurino
Fabiana Pizetta

Desenho de som
Gabriela Bervian

Trilha sonora
Gilson Vargas e Gabriela Bervian

Voz em *off*
Roberto Birindelli

Fotos e vídeos
Bruno Gularte Barreto

Design gráfico
Fabio Zimbres

Divulgação
Sarah Goulart

Produção executiva
Letícia Vieira e Mauricio Castro do Couto

Realização
Teatro Líquido

Texto de dramaturgia contemplado no Prêmio Funarte de Teatro Myriam Muniz 2006; finalista do Prêmio Açoriano de Teatro 2007 e mencionado no romance *Habitante irreal*.

Personagens

Cliente
Funcionário
Representante dos credores

Não há determinação da época nem identificação do lugar.

Os cientistas do Governo do Sul desenvolveram um método de ressuscitação de corpos com o propósito de garantir, aos que contratam o serviço, uma sobrevida de vinte e uma horas.

O serviço é prestado sob o regime de monopólio.

Só os ricos podem contratá-lo.

O preço é muito alto.

O serviço é chamado Retorno Vinte e Um.

A condição imposta pelo Estado aos eventuais contratantes é que, nas primeiras sete horas da sobrevida, resolvam suas obrigações com o Departamento Fiscal.

Os contratantes se submetem a um interrogatório sob o efeito de uma droga que durante essas sete horas os impedirá de mentir.

O contratante que, por conta própria, não tiver condições de arcar com o preço total do serviço poderá ser patrocinado por outras pessoas, ficando, no entanto, à disposição desses eventuais patrocinadores por sete horas das catorze horas restantes.

Grandes empresas costumam contratar o Retorno Vinte e Um para que possam obter dos seus executivos de alto escalão algumas informações relacionadas ao trabalho que ainda não tenham sido reveladas.

PRIMEIRO ATO

As primeiras sete horas: O tempo do governo

Cena 1

Interior — espaço desconhecido.

No ambiente tem uma cama hospitalar, duas cadeiras de metal do tipo hospitalar, um pequeno balcão auxiliar de metal do tipo hospitalar com rodas. Sobre o tampo do balcão auxiliar, há uma bandeja onde estão quatro adesivos coloridos redondos. Sobre uma das cadeiras tem um avental.

A cliente está inconsciente deitada sobre a cama hospitalar.

O funcionário está em pé, não está calçado, está só de meias.

São apenas os dois no ambiente.

O funcionário olha fixo para o alto, na direção de um dos cantos do palco. Consulta o relógio. Tira do bolso interno do casaco um frasco, um tubo de remédio. Abre deixando cair três pastilhas na palma da mão. Põe na boca. Começa a mastigar. Fecha o frasco, coloca-o de volta no bolso. Consulta o relógio. Caminha pelo ambiente com os braços cruzados, demonstrando alguma aflição. Caminha até a única porta do ambiente, mexe na maçaneta como se precisasse se certificar de que a porta está fechada. Tira de um dos bolsos externos do casaco um saco plástico transparente com bolachas do tipo água e sal. Pega duas ao mesmo tempo. Guarda o saco no bolso de onde o tirou. Começa a comê-las. Do outro bolso externo do casaco, tira um maço de fotos. Senta-se. Deixa as fotos sobre o assento da outra cadeira. Termina de comer as bolachas, mastigando mecanicamente, olhando à frente pro infinito. Olha na direção das fotos. Hesita. Pega as fotos. Começa a olhar as fotos, uma por uma. Fecha os olhos por alguns instantes. Suspira. Abre os olhos. Consulta o relógio. Levanta-se deixando as fotos sobre a cadeira onde está o avental. Caminha até a porta. Pega os sapatos. Traz até a cadeira onde estava sentado. Pega o avental da cadeira onde estão as fotos. Veste, abotoa. Depois se senta. Calça os sapatos. Vira-se. Olha na mesma direção de um dos cantos do palco para o qual olhou antes. Tira um ponto de ouvido. Encaixa na orelha direita. Aguarda. Consulta o relógio. Olha para o corpo da cliente.

Num movimento repentino, a cliente levanta o tronco. Respiração acelerada, olhos arregalados. Olha ao redor, aterrorizada.

O funcionário a observa. Aguarda. Depois se levanta da cadeira. Pega a cliente cuidadosamente. Tira-a da cama. Leva-a até a cadeira onde estava sentado.

A cliente fica olhando para ele, sua movimentação. Tenta falar, mas não consegue. Começa a chorar.

O funcionário deixa-a chorar.

O choro da cliente diminui.

O funcionário pega um dos adesivos que estão na bandeja sobre o balcãozinho. Aplica-o no pescoço da cliente.

A cliente para de chorar.

O funcionário confere o horário. Pega as fotos sobre a cadeira livre. Coloca no bolso do avental. Senta.

FUNCIONÁRIO:
Bem-vinda, senhora.

CLIENTE:
[*com dificuldade para articular as palavras*] O que está acontecendo?

FUNCIONÁRIO:
Estamos no programa de sobrevida.

CLIENTE:
O quê?

FUNCIONÁRIO:
No Retorno Vinte e Um.

CLIENTE:
Isso é alguma pegadinha?

FUNCIONÁRIO:
Não. Sinto informar. Sou funcionário do governo. Estou aqui para assisti-la.

CLIENTE:
Funcionário?

FUNCIONÁRIO:
Encarregado de acompanhá-la nas próximas vinte e uma horas.

A cliente tenta se mexer.

CLIENTE:
Não consigo me mover.

FUNCIONÁRIO:
Não se preocupe, é assim mesmo. Logo, logo a senhora vai conseguir.

CLIENTE:
Sobrevida...

O funcionário apenas a observa.

CLIENTE:
Por acaso... [*olha ao redor*] Isso... Eu aqui, com você... É uma avaliação médica pro Vinte e Um. [*tenta sorrir*] Engraçado. Eu não me lembro de ter vindo pra cá.

FUNCIONÁRIO:
Não estamos numa avaliação médica.

CLIENTE:
Não pode ser... Eu não me lembro.

FUNCIONÁRIO:
O serviço de sobrevida do qual a senhora é beneficiária está sendo executado.

CLIENTE:
[*ofegante, já com menos dificuldade para falar*] É pegadinha. Tudo bem. Eu pago o dobro do que tão te pagando pra você acabar agora com essa brincadeira.

FUNCIONÁRIO:
Não é brincadeira.

CLIENTE:
Claro que é. Eu estou... Eu me sinto...

Ela tenta levar a mão ao peito, não consegue. Está fraca.

CLIENTE:
Me sentindo... Normal... Viva.

FUNCIONÁRIO:
É assim mesmo.

CLIENTE:
Estamos num hospital?

FUNCIONÁRIO:
Não, estamos na unidade onde nossa equipe a ressuscitou.

CLIENTE:
Pare com isso agora , seu maldito.

O funcionário se levanta, pega um segundo adesivo e aplica-o ao lado do outro que já havia sido aplicado no pescoço.

A cliente não reage.

CLIENTE:
Tem mais alguém aqui com você?

Tenta olhar para os lados, mas não consegue virar muito o pescoço.

FUNCIONÁRIO:
Estamos sozinhos nesta sala.

O funcionário volta a se sentar.

CLIENTE:
[*voz baixa, demonstrando cansaço*] Como foi que eu...

O funcionário olha o relógio.

FUNCIONÁRIO:
Procure não falar por uns minutos.

CLIENTE:
Eu quero saber.

FUNCIONÁRIO:
Por favor, poupe suas energias.

CLIENTE:
Qual o seu nome?

FUNCIONÁRIO:
Não posso dizer.

CLIENTE:
Não pode dizer para evitar envolvimento emocional com a paciente?

FUNCIONÁRIO:
Não posso dizer meu nome. Está no protocolo.

CLIENTE:
Dois Um.

FUNCIONÁRIO:
Perdão.

CLIENTE:
Vou chamar você de Dois Um.

FUNCIONÁRIO:
Preciso que a senhora se concentre, escute com atenção.

CLIENTE:
Me dá um segundo.

FUNCIONÁRIO:
Nas primeiras sete horas, a senhora acertará suas obrigações com o Estado.

CLIENTE:
Eu pedi um segundo, cara.

FUNCIONÁRIO:
Nas sete horas seguintes...

CLIENTE:
Você está me torturando.

O funcionário volta o rosto para ela e se aproxima.

FUNCIONÁRIO:
Preciso passar estas informações para a senhora agora. Nas primeiras sete horas, a senhora acertará suas obrigações com o Estado. Nas sete horas seguintes, o tempo será para seu uso

privado. Nas sete horas restantes, ficará à disposição das empresas que patrocinaram a contratação do serviço de sobrevida. Um representante do consórcio contratante, um advogado, virá entrevistá-la, ele...

CLIENTE:
Socorro!

FUNCIONÁRIO:
Não gaste suas energias. Está tudo bem. Confie em mim.

CLIENTE:
Isso é sequestro.

FUNCIONÁRIO:
Não é sequestro. Não é brincadeira. Está tudo bem.

CLIENTE:
Diz como foi que eu morri, caralho.

FUNCIONÁRIO:
Não estou autorizado a dizer.

CLIENTE:
Quem está autorizado?

FUNCIONÁRIO:
Ninguém.

A cliente tenta de novo se movimentar.

CLIENTE:
Me ajuda a levantar.

FUNCIONÁRIO:
Temos que aguardar mais um pouco... Desculpe, é o protocolo.

CLIENTE:
Meu corpo está começando a formigar.

FUNCIONÁRIO:
Seu corpo formigará por mais alguns minutos e depois a senhora não sentirá qualquer incômodo. O formigamento é só reflexo das drogas agindo no seu corpo. E deve ser um pouco da ansiedade também. Mas isso as drogas também vão resolver.

CLIENTE:
Quero falar com seu superior.

O funcionário não responde, olha para o alto, para o mesmo canto do palco para onde olhou antes.

CLIENTE:
Alguém vai ter que me dizer como foi que... [*sem a mesma excitação*] Porque eu não me lembro de nada... Como pode?

O funcionário ainda está olhando na mesma direção.

CLIENTE:
O que tem ali? Não consigo enxergar.

FUNCIONÁRIO:
Uma câmera. Minha supervisora nos monitora por ela.

CLIENTE:
Quero que ela venha falar comigo.

O funcionário não responde, para de olhar fixamente na direção da câmera.

CLIENTE:
[*olhando fixamente para a câmera*] Ela nos escuta? Alguém neste maldito lugar nos escuta?

FUNCIONÁRIO:
Sim, há microfones espalhados pela sala... Nossa conversa vai ficar gravada para a conferência posterior dos auditores e do Ministério Público.

CLIENTE:
O Ministério Público está nessa também?

FUNCIONÁRIO:
Sim. É uma das condições de funcionamento do serviço.

CLIENTE:
[*ainda olhando fixamente para a câmera*] Oi... Se está me ouvindo... [*falando mais alto*] Eu queria... Queria pedir com toda a humildade que você viesse aqui falar comigo...

FUNCIONÁRIO:
Ela não virá, senhora.

CLIENTE:
E você? Você é exatamente o quê, Dois Um?

FUNCIONÁRIO:
Sou o funcionário encarregado de acompanhá-la nas próximas vinte e uma horas.

CLIENTE:
Não. Isso você já respondeu. Quero saber o que você é. É médico? É enfermeiro?

FUNCIONÁRIO:
Sou um funcionário treinado. É o que o protocolo me permite dizer.

CLIENTE:
[*falando para si mesma*] Estou morta.

Os dois ficam em silêncio por alguns segundos.

CLIENTE:
Acendam as luzes, não consigo enxergar.

FUNCIONÁRIO:
As luzes estão acesas.

O funcionário leva a mão ao ouvido, como se recebesse alguma ordem, olha na direção do canto do palco, onde está a câmera, e assente com a cabeça.

FUNCIONÁRIO:
Precisamos começar.

CLIENTE:
Você não pode me tratar assim.

A cliente está em choque.

O funcionário se levanta, caminha até o balcãozinho com rodas, pega um colírio, com jeito, e pinga num dos olhos dela.

CLIENTE:
O que você fez?

O funcionário posiciona o balcão auxiliar entre as cadeiras e aguarda alguns segundos olhando para o chão.

A cliente olha firme para o funcionário, como se estivesse se recobrando de um transe, tenta se levantar e não consegue.

CLIENTE:
Quero tirar esta roupa.

FUNCIONÁRIO:
Não vai ser possível.

CLIENTE:
O protocolo.

FUNCIONÁRIO:
Sim.

CLIENTE:
[*demonstrando ter recuperado um pouco mais da sua energia*] Preciso olhar pro meu corpo, vou descobrir, nem que seja na marra, o que aconteceu.

FUNCIONÁRIO:
Por favor, não tente tirar a malha. Ela foi feita especialmente para preservar a sua integridade física.

A cliente tenta se movimentar, já consegue mover um pouco mais os braços.

FUNCIONÁRIO:
Podemos começar?

CLIENTE:
Não.

O funcionário olha para a frente com indiferença, como se já estivesse acostumado a reações como a dela.

CLIENTE:
Já vou avisando: não contem com a minha colaboração.

FUNCIONÁRIO:
A senhora vai colaborar. O produto que pinguei no seu olho vai fazer a senhora responder ao que lhe for perguntado.

CLIENTE:
Isso não estava no contrato.

O funcionário pega de cima do balcão auxiliar uma cópia do contrato assinado por ela — o documento estava sob a bandeja —, o entrega nas mãos da cliente.

FUNCIONÁRIO:
Por favor, leia aqui.

A cliente leva o contrato quase junto aos olhos.

CLIENTE:
Dá pra aumentar essa luz, pelo amor de Deus. Essa penumbra tá me irritando.

FUNCIONÁRIO:
Acredite em mim, senhora, é o máximo de luz possível que conseguimos gerar neste ambiente. Essa sensação de pouca claridade que a senhora está encontrando é um dos efeitos colaterais dos produtos químicos em seu corpo. Varia de pessoa pra pessoa. Pode ser que daqui a pouco melhore.

A cliente tenta ler o contrato.

CLIENTE:
[*lendo em voz alta*] Indução comportamental... Veracidade... Isso daqui tá muito vago.

FUNCIONÁRIO:
É o enquadramento exigido pela lei, senhora.

CLIENTE:
A lei. Eu conheço a lei. E conheço o governo.

FUNCIONÁRIO:
Sabemos que conhece, senhora.

CLIENTE:
Foda-se. Não tenho nada a esconder.

A cliente deixa o contrato cair no chão.

FUNCIONÁRIO:
Devo advertir mais uma vez que nossa conversa está sendo gravada.

CLIENTE:
Você é tão previsível, tão chato.

FUNCIONÁRIO:
Há mais uma coisa que a senhora precisa saber: minha supervisora e a sua equipe dela...

CLIENTE:
Agora tem uma equipe?

FUNCIONÁRIO:
Enquanto conversamos, minha supervisora e a equipe dela poderão acessar redes de dados públicos e privados pra confirmar a correção das suas informações.

CLIENTE:
Você quer saber se estou com os impostos em dia.

FUNCIONÁRIO:
Não é tão simples.

CLIENTE:
Estou com minhas obrigações fiscais em dia.

FUNCIONÁRIO:
Precisamos saber também de todas as operações comerciais e financeiras, as patentes, os projetos em que a senhora esteve envolvida nos últimos cinco anos.

CLIENTE:
E se eu não conseguir me lembrar?

FUNCIONÁRIO:
Nós iremos devagar pra que a senhora se lembre de tudo.

CLIENTE:
Não tenho a sensação de que estamos indo devagar.

FUNCIONÁRIO:
A senhora entenderá.

CLIENTE:
Que seja. [sorri] Vai ser tentador.

FUNCIONÁRIO:
Desculpe, não entendi.

CLIENTE:
Vocês estão me dando uma chance rara.

FUNCIONÁRIO:
Uma chance?

CLIENTE:
Estou morta. Posso fazer o que eu quiser.

A cliente tenta se levantar, fica de pé com muita dificuldade.

O funcionário a observa.

A cliente volta a se sentar.

FUNCIONÁRIO:
Vamos começar pelas suas atividades comerciais...

Blackout.

Cena 2

Interior — espaço desconhecido.

A cliente, mais disposta, ainda sentada, olhando para a câmera no alto da sala, no canto do palco.

CLIENTE:
Isso está me tirando do sério, de verdade.

FUNCIONÁRIO:
É o procedimento, senhora. Infelizmente, tenho que lhe perguntar de novo... Os encargos de constituição e fusão relacionados à sua segunda empresa foram pagos com que recursos?

CLIENTE:
Faz muito tempo... Foi uma operação menor.

FUNCIONÁRIO:
Não para os seus investidores... Para as obrigações fiscais dos seus investidores... E de seus sócios...

CLIENTE:
Ex-sócios...

FUNCIONÁRIO:
Li nos registros que um deles teve problemas de natureza psiquiátrica.

CLIENTE:
E o que isso tem a ver?

FUNCIONÁRIO:
Li no histórico que a senhora pagou o tratamento dele.

CLIENTE:
Arranjei uma clínica... Me aterrorizava a ideia dele ir parar num dos manicômios que o Governo construiu lá do Outro Lado.

FUNCIONÁRIO:
A senhora já esteve do Outro Lado?

A cliente não responde.

FUNCIONÁRIO:
E o segundo sócio...

CLIENTE:
Não passava de mais um garoto rico.

Novo silêncio.

FUNCIONÁRIO:
Li nos registros que sua primeira empresa mantinha negócios com prestadores de serviço do Outro Lado.

CLIENTE:
Tem um tipo de gente disposta a se sacrificar que só é possível encontrar lá.

FUNCIONÁRIO:
Li que os contatos aumentaram significativamente nos meses anteriores à fusão societária.

CLIENTE:
Tudo dentro da lei.

FUNCIONÁRIO:
E a senhora entende de leis.

CLIENTE:
Entendo de entrelinhas.

Silêncio.

CLIENTE:
O problema com as leis é: elas iludem. Mas a verdade é que só iludem quem quer ser iludido.

O funcionário fica em silêncio.

CLIENTE:
A lei trata bem quem presta atenção nela. É simples. [*fala de modo reflexivo*] A maioria não percebe, não decifra, mas não passa dum truque simples. Um simples enigma.

FUNCIONÁRIO:
Se a senhora me permite: [*olha na direção da câmera*] Não entendo como, com toda sua perspicácia, a senhora assinou o contrato do Plano de Sobrevida sem ler atentamente todas as cláusulas.

CLIENTE:
Não caçoe de mim.

FUNCIONÁRIO:
Não estou caçoando.

CLIENTE:
Naquele momento, ler as cláusulas, todas as cláusulas, não me pareceu algo importante.

FUNCIONÁRIO:
Para a maioria, contratar o Plano é a coisa mais importante de todas.

CLIENTE:
Eu sei. Contratar o Plano é uma forma de demonstrar... Que...

Os dois ficam em silêncio por alguns segundos.

CLIENTE:
[*bastante reflexiva*] A contratação do Plano foi uma imposição dos investidores com quem eu trabalho. E quando digo imposição não estou querendo dizer nada menos do que imposição mesmo.

O funcionário nada diz.

CLIENTE:
Na época, imaginei: bem, se eu precisar de fato dessa porcaria já vou estar ferrada mesmo.

O funcionário consulta o relógio.

FUNCIONÁRIO:
Precisamos continuar...

CLIENTE:
Preciso me levantar.

O funcionário ajuda a cliente a se levantar da cadeira.

A cliente caminha até a cama e se encosta.

O funcionário volta a se sentar — apenas ajeita a cadeira na direção dela.

FUNCIONÁRIO:
Eu li que a senhora era a encarregada direta das operações que sua empresa realizava do Outro Lado.

CLIENTE:
Sim, verdade.

FUNCIONÁRIO:
Então, preciso lhe perguntar: a senhora tem algo de relevante a respeito dessas operações para me informar?

CLIENTE:
Não. Todas as operações foram regularmente declaradas e cobertas no que diz respeito aos encargos sociais e tributários.

FUNCIONÁRIO:
Tem certeza?

CLIENTE:
Tenho.

FUNCIONÁRIO:
A senhora estava com 26 anos, na época. Está correto?

CLIENTE:
Sim.

FUNCIONÁRIO:
E sua empresa era a mais importante do setor.

CLIENTE:
A empresa deixou de ser nossa com a fusão. Fiz de tudo para que as metas societárias fossem preservadas... Mas a verdade é que não tinha muito o que eu pudesse fazer.

FUNCIONÁRIO:
Por isso vendeu suas quotas.

CLIENTE:
Não suportava mais ver a cara daqueles desgraçados.

FUNCIONÁRIO:
Esteve envolvida afetivamente com um dos sócios?

CLIENTE:
Isso não interessa ao Governo.

Silêncio.

CLIENTE:
Fui noiva do garoto rico.

FUNCIONÁRIO:
Foram colegas de universidade.

CLIENTE:
Ele me entendia. [*pausa*] E me apoiava.

FUNCIONÁRIO:
Tem notícias dele?

CLIENTE:
Tanto quanto do outro que enlouqueceu...

FUNCIONÁRIO:
Pode ser mais precisa?

CLIENTE:
Não tenho informações.

FUNCIONÁRIO:
Os registros informam que ele viajou para o exterior.

CLIENTE:
Isso não me diz respeito.

Silêncio.

FUNCIONÁRIO:
Li que ele retornou ao continente no mês passado.

CLIENTE:
Só um idiota retornaria.

FUNCIONÁRIO:
Ele é devedor de uma grande quantia não só para o Estado, como também para as empresas que ajudaram a criar o Retorno Vinte e Um.

CLIENTE:
Azar de vocês.

O funcionário olha na direção da câmera.

CLIENTE:
Olha, Dois Um, não passo de uma intermediária em investimentos no setor de extração, industrialização e distribuição de água pro exterior. Faça perguntas que uma intermediária em investimentos no setor de extração, industrialização e distribuição de água pro exterior possa responder.

O funcionário olha para ela.

FUNCIONÁRIO:
Vamos prosseguir.

CLIENTE:
Só uma coisa antes. Quantas horas já se passaram?

FUNCIONÁRIO:
Não pense nisso, senhora. Nas primeiras sete horas não é recomendado se preocupar com a passagem do tempo. Seu corpo está se adaptando. E o produto que pinguei no seu olho afeta um pouco a percepção dos minutos e das horas.

CLIENTE:
Aposto como ainda não passamos da primeira hora.

FUNCIONÁRIO:
Na verdade, já se passaram mais de quatro horas.

CLIENTE:
Como assim?

FUNCIONÁRIO:
Eu disse.

CLIENTE:
Não quero saber o que você disse.

A cliente se desencosta da cama, começa a caminhar pelo ambiente, inicialmente com alguma dificuldade. Aproxima-se do canto da parede onde está a câmera e, de súbito, dá um tapa no ar — que seria um tapa na câmera, arrancando-a do suporte — e cai no chão por ter colocado energia demais no movimento.

FUNCIONÁRIO:
O que é isso, senhora? Arrancou a câmera do suporte.

CLIENTE:
Não vou ficar aqui sendo vigiada.

FUNCIONÁRIO:
Eles mandarão uma equipe para reinstalar a câmera. É o que vai acontecer.

CLIENTE:
Que venham. E que venham com a maldita da sua supervisora.

FUNCIONÁRIO:
Improvável.

O funcionário ajuda a cliente a se levantar.

A cliente caminha pelo ambiente, já se movimentando melhor.

CLIENTE:
Você não é chato, Dois Um. Você é tedioso.

A cliente se senta na cadeira.

CLIENTE:
Vamos em frente com as perguntas.

FUNCIONÁRIO:
[*bastante concentrado*] Preciso das suas senhas do banco geral de informações. Nossos técnicos não conseguiram acessar seus arquivos.

CLIENTE:
Seus técnicos não devem ser dos melhores, então.

FUNCIONÁRIO:
A senhora poderia me dizer?

CLIENTE:
Vou dizer. Deixa só eu saborear esse momento.

FUNCIONÁRIO:
A senhora poderia...

CLIENTE:
"vArejeirA", com os dois "as" maiúsculos.

FUNCIONÁRIO:
Uma senha sem números? Não existem senhas sem números.

CLIENTE:
Um bom *hacker* faz o que quiser com senhas.

FUNCIONÁRIO:
Não existem mais *hackers*.

A cliente gargalha.

CLIENTE:
Ainda tem muito por aí.

FUNCIONÁRIO:
Você conhece algum?

CLIENTE:
Conheço o melhor.

FUNCIONÁRIO:
Qual o nome dele?

CLIENTE:
Como é bom saber que não posso mentir e não precisar mentir... [*ela se espreguiça*] O nome verdadeiro eu nunca descobri, nós nos tratávamos por apelidos. O dele é Impensável. Segundo ele, ou ela, Impensável é o codinome que só usa comigo.

FUNCIONÁRIO:
Sabe? Alguns clientes conseguem mentir. É raro, mas acontece.

CLIENTE:
Não me confunda, seu maldito.

FUNCIONÁRIO:
É verdade. Não há cliente que consiga mentir mais de três vezes sobre o mesmo assunto. Todos falam a verdade na terceira vez.

Pausa.

FUNCIONÁRIO:
Qual o nome do *hacker*?

CLIENTE:
Não precisar mentir é minha vingança.

FUNCIONÁRIO:
Diga, senhora.

CLIENTE:
Não sei, já disse, só conheço o codinome.

Pausa.

CLIENTE:
Me pergunte algo a respeito do que valha a pena eu mentir.

O funcionário toca no ouvido direito.

FUNCIONÁRIO:
Minha supervisora está me dizendo que a senha que a senhora forneceu não confere. Não dá acesso aos arquivos.

CLIENTE:
Não pode ser.

FUNCIONÁRIO:
Perguntarei de novo.

CLIENTE:
Pergunta quantas vezes quiser. Não sei o que houve. É "vArejeirA", com os dois "as" maiúsculos. Essa é a senha programada... Deveria funcionar...

FUNCIONÁRIO:
Qual a senha?

CLIENTE:
"vArejeirA", com os dois "as" maiúsculos, maldito.

FUNCIONÁRIO:
Qual a senha?

CLIENTE:
Que pesadelo.

FUNCIONÁRIO:
Qual a senha?

CLIENTE:
É "vArejeirA", com os dois "as" maiúsculos. E não responderei mais nenhuma pergunta.

FUNCIONÁRIO:
Desculpe, mas responderá, sim.

O funcionário pega o contrato que está no chão, folheia até encontrar uma cláusula específica, se levanta e o leva bem próximo dos olhos da cliente.

CLIENTE:
[*surpresa*] Eu não sabia disso.

FUNCIONÁRIO:
Está bem claro.

CLIENTE:
Vocês são uns canalhas.

CLIENTE:
[*deixando o contrato de lado mais uma vez, mostrando impotência*] Como o Governo pode ser tão ardiloso? [*pausa*] E se você não administrar a medicação no final deste interrogatório?

FUNCIONÁRIO:
A senhora permanecerá viva, mas perderá a consciência pelas próximas catorze horas.

CLIENTE:
Consciência, no caso, é voltar a estar morta.

FUNCIONÁRIO:
Em estado de sobrevida, porém inconsciente.

CLIENTE:
Os patrocinadores não deixariam.

FUNCIONÁRIO:
É o que chamamos de risco compartilhado. Os critérios e as decisões do Estado prevalecem.

CLIENTE:
Malditos.

O funcionário não responde.

CLIENTE:
E agora... Quanto tempo já passou? Vamos, diz, quanto tempo?

Blackout.

Cena 3

Interior — espaço desconhecido.

Os dois estão sentados nas cadeiras.

CLIENTE:
Não aguento mais tantas perguntas.

FUNCIONÁRIO:
Temos apenas uma hora.

CLIENTE:
Sua uma hora ou minha uma hora?

FUNCIONÁRIO:
Considerando que a droga deve estar começando a perder o efeito, para a senhora, não mais do que uns dez minutos.

CLIENTE:
Perdendo o efeito? Já posso mentir?

FUNCIONÁRIO:
Se tentar, não vai conseguir.

CLIENTE:
Preciso descansar.

FUNCIONÁRIO:
Precisamos terminar as perguntas.

A cliente se levanta da cadeira, caminha até a cama e se deita.

CLIENTE:
As coisas são engraçadas, não são?

Funcionário leva a mão ao ouvido.

FUNCIONÁRIO:
Suas últimas informações não conferem com os registros, minha supervisora está avisando.

CLIENTE:
O que posso fazer?

FUNCIONÁRIO:
A senhora não está colaborando.

CLIENTE:
Não deixei de responder a nenhuma das perguntas que você fez. [*pausa*] O que mais você quer?

FUNCIONÁRIO:
Eu pensei que...

CLIENTE:
Você pensou? Não minta pra mim. O protocolo não deixa você pensar.

Funcionário leva a mão ao ouvido.

CLIENTE:
Quando a equipe vem consertar a câmera?

O funcionário olha, meio perdido, para a cliente.

CLIENTE:
Não pense demais, Dois Um.

FUNCIONÁRIO:
Colabore, senhora.

CLIENTE:
Eu poderia ter um cúmplice, já pensou... Poderia ter descoberto uma forma de burlar o seu sagrado Vinte e Um da sobrevida sem vida. [*pausa*] Tenho umas míseras horas de vida... E estou aqui: presa.

FUNCIONÁRIO:
A senhora tem um cúmplice?

A cliente não responde.

FUNCIONÁRIO:
Responda, por favor.

CLIENTE:
Não seja enfadonho.

FUNCIONÁRIO:
Responda. A senhora tem um cúmplice?

CLIENTE:
É claro que não.

Longo silêncio entre os dois.

FUNCIONÁRIO:
Fale-me do contrato de exploração das fontes de água.

CLIENTE:
Estou surpresa.

FUNCIONÁRIO:
Com o quê?

CLIENTE:
Você não repetiu a pergunta sobre o meu possível cúmplice...

FUNCIONÁRIO:
Não temos tempo.

CLIENTE:
E se houver um cúmplice? Um cúmplice poderia causar muitos estragos.

FUNCIONÁRIO:
[perdendo a paciência] A senhora tem um cúmplice?

CLIENTE:
Não.

FUNCIONÁRIO:
Tem um cúmplice?

CLIENTE:
Não. [rindo] Você é mesmo uma figura, Dois Um.

FUNCIONÁRIO:
Fale sobre o contrato de exploração exclusiva das fontes de água.

CLIENTE:
[mudando de humor] Como vocês sabem disso?

A cliente se levanta, pega o contrato. Folheia como se estivesse fazendo leitura dinâmica.

CLIENTE:
Não sou obrigada a responder essa pergunta... Está aqui...

Ela estende o contrato para o funcionário, ele não pega.

FUNCIONÁRIO:
Eu conheço o contrato.

CLIENTE:
Então, você sabe.

A cliente põe o contrato em cima da cama.

CLIENTE:
Negociações sigilosas ainda não concretizadas não estão sujeitas a investigação pelo Governo.

FUNCIONÁRIO:
Quem no Governo lhe garantiria uma nova concessão? E como?

CLIENTE:
Você está fazendo a pergunta errada. A pergunta deve ser: qual a justificativa para isso ser feito?

FUNCIONÁRIO:
Qual a justificativa para isso ser feito?

CLIENTE:
A guerra. Guerra e segurança nacional.

FUNCIONÁRIO:
E onde seria essa guerra?

CLIENTE:
Pergunte ao seu Governo... Ou às empresas que fazem parte do Conselho Político do Governo.

FUNCIONÁRIO:
Quem é seu contato no Governo? Quem lhe garantiria uma concessão exclusiva no futuro?

CLIENTE:
Me diz com sinceridade: tem possibilidade de acontecer fato gerador ou qualquer outro tipo de repercussão fiscal num protocolo sigiloso que não chegou a se efetivar? Se tiver, respondo sem problema... Como sabemos que não tem, não preciso responder nada. [*pausa*] Mas... Se a sua supervisora vier até aqui falar comigo e se ela disser como foi que eu morri, eu revelo umas coisas que vocês nem imaginam, porque se imaginassem já teriam perguntado... Umas coisas que, de acordo com o contrato, não precisaria revelar.

FUNCIONÁRIO:
Gostaria de lhe perguntar uma coisa...

CLIENTE:
Pergunta.

FUNCIONÁRIO:
Quanto os investidores que patrocinaram a contratação do seu Retorno Vinte e Um dependem da senhora?

CLIENTE:
Agora, sim, uma pergunta bem-feita.

O funcionário consulta o relógio.

FUNCIONÁRIO:
Depois preciso que defina os planos e os perfis de cada investidor estrangeiro, governamental e não governamental, que integra o consórcio para o qual a senhora trabalha.

CLIENTE:
Você está maluco? Não estou autorizada a fazer isso. Você tem ideia do valor que eu, mesmo morta, [*ri*] teria de pagar no caso de quebra de uma das cláusulas de sigilo dessa magnitude? Já provei que das minhas operações comerciais e financeiras não sobrou obrigação fiscal alguma. Não posso informar mais nada a esse respeito. E a droga do contrato ali não me obriga.

FUNCIONÁRIO:
Não vejo o que a senhora teria a perder.

CLIENTE:
Por que vocês não hipnotizam os clientes? Seria melhor que vocês me hipnotizassem.

FUNCIONÁRIO:
Pessoas na sua condição não podem ser hipnotizadas.

O funcionário consulta o relógio.

CLIENTE:
Estou me sentindo estranha.

FUNCIONÁRIO:
O efeito da droga para as primeiras sete horas está passando.

CLIENTE:
Já posso mentir, então.

FUNCIONÁRIO:
Não exatamente.

CLIENTE:
Garanto que posso.

FUNCIONÁRIO:
Fique à vontade para pensar o que quiser.

Blackout.

SEGUNDO ATO

Sete horas seguintes: O tempo da cliente

Cena 4

Interior — espaço desconhecido.

Os dois estão em pé próximos um do outro.

O funcionário retira os dois adesivos, aplica o terceiro — restou um sobre a bandeja.

A cliente pega o contrato sobre a cama.

O funcionário olha compenetrado para o seu relógio de pulso.

A cliente começa a folhear o contrato atentamente, numa espécie de leitura dinâmica; percebe-se que ela está conseguindo enxergar um pouco melhor.

CLIENTE:
O gravador ainda está ligado?

FUNCIONÁRIO:
Não. Só gravamos as conversas durante as primeiras sete horas.

CLIENTE:
Sei que não posso sair deste lugar... Entendo seus deveres funcionais... Mas não acha que é crueldade demais me deixar trancada aqui até o final?

FUNCIONÁRIO:
A senhora sabe: o programa tem propósitos específicos.

CLIENTE:
Não é parque de diversões. Sei.

Ainda com o contrato na mão, a cliente caminha na direção da porta, mas não chega a se aproximar de todo.

CLIENTE:
Mais catorze horas trancada aqui.

FUNCIONÁRIO:
Treze horas e quarenta e dois minutos, pra ser exato. E agora a senhora vai sentir o tempo passar quase na velocidade normal.

CLIENTE:
Deve ser extenuante pra você.

FUNCIONÁRIO:
Não se preocupe comigo. Fui treinado, bem treinado.

CLIENTE:
Que função medonha.

FUNCIONÁRIO:
É o meu trabalho...

A cliente pega de surpresa o colírio da bandeja e borrifa direto no olho do funcionário, pega a bandeja, enquanto ele tenta enxergar, corre para a porta, bate ela contra o trinco e abre a porta.

CLIENTE:
Maldito, esta é a minha casa.

A cliente retorna na direção do funcionário.

CLIENTE:
Vocês usaram a minha casa. Usaram o quarto de hóspedes. [*pausa*] Não dei autorização pra isso.

FUNCIONÁRIO:
[*tentando secar os olhos com o avental*] Esse colírio não foi feito pra ser aplicado em quem está vivo.

CLIENTE:
Sofre, maldito.

FUNCIONÁRIO:
Serei demitido por causa disso... Eu iria abrir a porta de qualquer forma... Só precisava esperar passar a primeira hora...

CLIENTE:
Soro da verdade... Da verdade! É bom, não é?

FUNCIONÁRIO:
Este não é o soro da verdade... [*atrapalhado*] Como fui deixar isso acontecer?

CLIENTE:
Não seja melodramático.

A cliente se aproxima dele, como se quisesse ver se ele está bem.

FUNCIONÁRIO:
Eu preciso desse emprego. Não tive as chances que você teve.

CLIENTE:
O que você sabe das chances que eu tive?

FUNCIONÁRIO:
Eu sei, sua... Sua.

CLIENTE:
Agora estou gostando disto aqui.

O funcionário tenta se recompor.

FUNCIONÁRIO:
[*olhando para o chão*] Desculpe, não foi minha intenção falar assim com a senhora. Sinto muito.

CLIENTE:
Medo de perder o emprego.

FUNCIONÁRIO:
O que a senhora fez pode levar, sim, à minha demissão.

CLIENTE:
Estou na minha própria casa. Vocês omitiram isso.

FUNCIONÁRIO:
A senhora não entende, outras pessoas dependem de mim, dependem desse dinheiro que eu ganho. Não posso ser demitido.

CLIENTE:
Você só seria demitido se aquela câmera [*enfatizando*] que eu fiz o favor de arrancar dali estivesse funcionando.

FUNCIONÁRIO:
Minha supervisora só acompanha a fase do interrogatório do Estado.

CLIENTE:
Isso é o que eles dizem pra você. Não seja ingênuo, Dois Um.

O funcionário se senta.

CLIENTE:
A marionete se magoou?

FUNCIONÁRIO:
Deve ser algum efeito da droga, estou me sentindo estranho.

CLIENTE:
Veja como as coisas são... Você está por cima e de repente...

O funcionário olha para ela com dificuldade.

CLIENTE:
Vamos lá pra fora. Vai se sentir melhor.

FUNCIONÁRIO:
Mesmo que eu pudesse, como ficaria o tempo para organizar suas coisas, seus assuntos pessoais?

CLIENTE:
Isso eu resolvo depois, resolvo em quinze minutos. Vamos lá fora ver o dia.

FUNCIONÁRIO:
Não podemos.

CLIENTE:
É claro que podemos.

FUNCIONÁRIO:
Está fora de cogitação, senhora. Usarei a força se for preciso.

CLIENTE:
Você não pode comigo.

FUNCIONÁRIO:
A senhora está avisada.

A cliente se afasta do funcionário, passa pela porta que está aberta, retorna.

CLIENTE:
Tudo certo. Como foi que eu morri?

FUNCIONÁRIO:
Não tenho essa informação.

CLIENTE:
Anda, diz, como foi que eu morri?

FUNCIONÁRIO:
Não sei.

CLIENTE:
Mais uma vez. Agora você vai dizer, não vai? Como foi que eu morri?

FUNCIONÁRIO:
Pare de brincar, senhora.

CLIENTE:
Você tá me odiando, não tá?

FUNCIONÁRIO:
Não sou obrigado a responder pergunta formulada pela senhora.

CLIENTE:
Está me odiando?

FUNCIONÁRIO:
Não.

CLIENTE:
Como?

FUNCIONÁRIO:
Não.

CLIENTE:
Você já conheceu a casa?

FUNCIONÁRIO:
Quando cheguei, passei direto para esta peça...

CLIENTE:
Me diz, é comum vocês usarem as residências dos clientes?

FUNCIONÁRIO:
Não posso informar nada sobre a execução do programa que não esteja no protocolo.

Silêncio.

CLIENTE:
As pessoas que dependem de você vivem do Outro Lado. Não é?

O funcionário baixa a cabeça.

FUNCIONÁRIO:
Vivem.

CLIENTE:
Quem são elas?

FUNCIONÁRIO:
Meus pais e uma amiga de infância.

CLIENTE:
A que está no manicômio?

FUNCIONÁRIO:
Como a senhora sabe?

CLIENTE:
Você não tem ideia de como você é transparente. Quando eu falei dos manicômios, vi que você ficou abalado. Claro, poderia ser o seu pai ou a sua mãe. Dizer que sua amiga está num manicômio foi palpite. [*pausa*] Sou boa de palpites. Garanto

que você tem mais do que sentimento de amizade com essa... Essa sua amiga.

O funcionário não responde.

CLIENTE:
Pois saiba você que eu tenho a tal conexão telefônica aberta pro Outro Lado. Só preciso pegar meu telefone que está escondido num compartimento secreto do armário do meu escritório. Vamos lá?

FUNCIONÁRIO:
É caríssimo.

CLIENTE:
Eu sou rica, esqueceu?

Blackout.

Cena 5

Interior — sala da casa da cliente.

Em destaque, no cômodo, há uma mesa quadrada e um sofá para duas pessoas.

Os dois estão em pé. A cliente está com um telefone na mão.

CLIENTE:
Não quero mais ouvir você falar em suborno porque isso não é suborno. A linha telefônica é minha. Eu faço com ela o que eu quiser. Vai lá. Liga pra sua amiga.

A cliente entrega o telefone para o funcionário.

FUNCIONÁRIO:
Peço que a senhora não saia do meu campo de visão.

CLIENTE:
Você não está sendo justo. Já mostrei toda a casa, você viu que a única porta de saída é aquela da frente, a porta blindada, que vocês fizeram o favor de trancar.

FUNCIONÁRIO:
Fique onde eu possa vê-la.

CLIENTE:
Se você não se importa de ter alguém do lado escutando enquanto conversa suas privacidades...

FUNCIONÁRIO:
Não me importo.

CLIENTE:
E cuidado com o que vai falar, não esquece que tá sob o efeito do soro da verdade.

FUNCIONÁRIO:
Já disse: o colírio não é soro da verdade.

CLIENTE:
Antes de ligar me diga: o que você fazia no Outro Lado?

FUNCIONÁRIO:
Fui seminarista.

CLIENTE:
Por isso conseguiu passar pro lado de cá.

FUNCIONÁRIO:
Consegui a transferência porque escrevia bem.

CLIENTE:
Um escrivão, pacato, naturalmente sensível e, o mais importante... previsível. [*em voz baixa*] Um perfeito cãozinho de guarda.

O funcionário não responde, senta-se para digitar os números no telefone, está concentrado, digitando lentamente as teclas do aparelho telefônico, quando termina de teclar, olha para ela.

CLIENTE:
Não se importe comigo, faça sua ligação. Prometo não prestar atenção na conversa.

A cliente se dirige até a mesa e se senta.

FUNCIONÁRIO:
Alô, é da Clínica Norte? Poderia falar com a paciente do quarto 26... Ela está... Claro... Claro, eu retorno daqui a dez minutos.

CLIENTE:
Qual sua ligação com essa moça?

FUNCIONÁRIO:
Estudamos na mesma escola do Governo.

CLIENTE:
Foram colegas?

FUNCIONÁRIO:
Fomos colegas durante os primeiros anos de escola... Ela não gostava muito de estudar, dizia que não tinha a minha facilidade.

CLIENTE:
Acabaram amigos.

FUNCIONÁRIO:
Sim, muito. Mas tempos depois, ela...

Fica em silêncio.

CLIENTE:
Ela?

FUNCIONÁRIO:
Conseguiu um emprego... Prefiro não falar disso... Fiquei um tempo grande sem ter notícias...

CLIENTE:
E quando vocês se reencontraram?

FUNCIONÁRIO:
A congregação estava desenvolvendo um trabalho de apoio numa casa de detenção e reeducação... Uma do tipo mais precário...

CLIENTE:
Sei. Do tipo pra onde só levam mulheres pobres da minha cor.

FUNCIONÁRIO:
É.

CLIENTE:
E?

FUNCIONÁRIO:
Fui designado para uma das seções de pessoas com desequilíbrio mental... Não acreditei quando vi o estado dela... Comecei a visitá-la com frequência, até que o Governo me desse a tutela e eu pudesse levar ela para casa.

CLIENTE:
Daí, você procurou uma clínica que pudesse recuperá-la de verdade..

FUNCIONÁRIO:
Sim.

CLIENTE:
Clínicas são caras.

FUNCIONÁRIO:
Sim.

CLIENTE:
Não pense que é diferente deste lado.

FUNCIONÁRIO:
As mensalidades da clínica dela consomem quase todo meu salário, o pouco que sobra eu envio para meus pais, eles estão velhos e precisam de ajuda.

CLIENTE:
E não sobra dinheiro nem pra uma ligação?

FUNCIONÁRIO:
As ligações são muito caras.

CLIENTE:
O Governo não quer as pessoas deste lado falando com as do Outro Lado.

FUNCIONÁRIO:
Mesmo que eu não tivesse todas essas despesas, não poderia pagar uma ligação. Até o envio de cartas é caro demais... Por sorte diminuíram a taxa pra envio de dinheiro.

CLIENTE:
Maldita separação.

FUNCIONÁRIO:
Ser selecionado pra esta função me trouxe segurança. O salário é muito bom, o melhor que eu poderia conseguir, ainda assim economizo em tudo que posso.

CLIENTE:
E vale a pena? Quero dizer... Por ela... Se já está fora do ar...

FUNCIONÁRIO:
Ela não está fora do ar.

CLIENTE:
Ainda assim...

FUNCIONÁRIO:
Eu a encontrei catatônica. É impressionante o quanto ela melhorou com os tratamentos.

CLIENTE:
Um poeta... O que mais uma cliente exigente e ferrada como eu poderia querer? [*pausa*] Diga-me, ela ao menos é bonita?

O funcionário retira as fotos do bolso e as estende para a cliente.

A cliente se levanta da mesa, pega as fotos.

CLIENTE:
Meus olhos ainda não estão bons, falta claridade... Vamos lá pra fora... Aproveitar que é dia... É verão. Se a gente não sair, não vou devolver nunca mais essas fotos pra você. [*e aperta as fotos contra o peito*]

FUNCIONÁRIO:
Clientes do Plano estão proibidos de circular entre as outras pessoas.

CLIENTE:
Entre os vivos.

Fica reflexiva.

Devolve as fotos ao funcionário, mas fica com uma.

O funcionário não diz nada.

CLIENTE:
Faça a ligação duma vez.

O funcionário volta a discar.

A cliente se aproxima da luz de um abajur para tentar ver melhor a fotografia que ficou em sua mão.

FUNCIONÁRIO:
Alô, é da Clínica Norte?... Poderia falar com a paciente do quarto 26... Eu liguei há pouco... Muito obrigado. [*aguarda*] Alô... Sou eu... Sim... Achou que eu fosse?... Não... Como estão os exercícios?... Que ótimo... Quando?... Não sei... Que bom... Em breve... Claro... Recebeu o vestido?... Foi?... E a canção, está pronta?... [*olha para a cliente e, buscando alguma reserva, fala baixo*] Adoraria... Claro... [*passa-se meio minuto*] Linda... Continue... [*passa-se um minuto*] Ligar?... Todos os dias?... É muito caro... Sim... Sempre... Deste lado... Sim... Sim... Um vestido azul... Azul-marinho de veludo... Dez meses... Sim... A enfermeira?... O filme... Aquele... Três vezes... A enfermeira... Vamos desligar... Também estou... Não, juro... Juro... Sim... Sim... Sim... [*ri, como não havia rido antes*] Tchau... Um beijo.

O funcionário desliga o telefone e permanece ausente por alguns segundos.

A cliente volta a ficar de costas para ele.

FUNCIONÁRIO:
Quero agradecer a generosidade da senhora.

CLIENTE:
Besteira.

FUNCIONÁRIO:
Dei sorte. Ela está num bom dia. Não vou esquecer o que a senhora fez.

CLIENTE:
Há quanto tempo você não se encontra com ela?

FUNCIONÁRIO:
Dois anos e meio.

CLIENTE:
E há quanto ela está na clínica?

FUNCIONÁRIO:
Quase cinco anos.

CLIENTE:
E você não acha tudo isso sofrido demais?

FUNCIONÁRIO:
A senhora já amou alguém?

CLIENTE:
[*ri*] Nem a mim mesma.

O funcionário consulta as horas.

CLIENTE:
Quantas horas já se passaram?

FUNCIONÁRIO:
Quase duas horas e meia.

CLIENTE:
Não parece duas horas e meia.

FUNCIONÁRIO:
A senhora apagou e voltou duas vezes.

CLIENTE:
Não senti isso acontecer.

FUNCIONÁRIO:
Acontece. É muito raro, mas acontece.

CLIENTE:
E não posso reclamar?

FUNCIONÁRIO:
Está no contrato.

Os dois ficam em silêncio.

CLIENTE:
Que vontade de assistir à televisão.

FUNCIONÁRIO:
Não avistei televisão aqui na sua casa.

CLIENTE:
Não tenho mesmo.

FUNCIONÁRIO:
A senhora pode me devolver a foto?

A cliente devolve.

CLIENTE:
Sua amiga é bonita.

FUNCIONÁRIO:
Sim. Ela é muito bonita.

CLIENTE:
Preciso resolver algumas coisas... Vou usar meu computador.

FUNCIONÁRIO:
Irei com a senhora.

CLIENTE:
Vai ficar me olhando.

FUNCIONÁRIO:
É minha função.

CLIENTE:
Que seja.

FUNCIONÁRIO:
E depois iremos lá fora...

A cliente faz cara de surpresa para o funcionário e sorri.

FUNCIONÁRIO:
Somente por cinco minutos.

Blackout.

Cena 6

Exterior — praça.

Os dois estão em um banco de praça.

A cliente está dormindo sentada encostada com a cabeça no ombro dele.

A cliente acorda.

De súbito, a claridade do palco diminui.

CLIENTE:
O que houve? [*pausa rápida*] É noite!

FUNCIONÁRIO:
Já era noite quando saímos, quando a senhora adormeceu.

CLIENTE:
Quanto tempo eu apaguei?

FUNCIONÁRIO:
A senhora não apagou. Dessa vez, a senhora dormiu. Foram uns vinte minutos.

CLIENTE:
Por que você não me acordou?

O funcionário não responde.

CLIENTE:
[*ainda sonolenta*] Vinte minutos. Então devem ser... Não faço ideia.

FUNCIONÁRIO:
Duas e vinte e cinco da manhã.

CLIENTE:
E quanto falta mesmo para o meu tempo acabar? Desculpe a pergunta... Mas é assombroso.

FUNCIONÁRIO:
Pouco mais de uma hora.

CLIENTE:
Pensei que aqui fora da casa esse peso de saber que acabou fosse sumir.

FUNCIONÁRIO:
Os antidepressivos no seu corpo deveriam impedir essa sensação... Eu sinto por isso.

Silêncio entre os dois.

CLIENTE:
Bela praça, não é?

FUNCIONÁRIO:
E a noite está agradável.

CLIENTE:
Sabe o que mais me surpreende?... É essa ausência de medo... Sinto o peso da situação. Mas não sinto medo nenhum.

FUNCIONÁRIO:
É o antidepressivo.

CLIENTE:
O remedinho que procurei a vida toda. [*pausa*] Não é pressão demais isso de ser babá de morto-vivo?

FUNCIONÁRIO:
Somente para os que se envolvem.

Ficam em silêncio.

CLIENTE:
Eu estava pensando... Sabe, eu tenho uma filmadora em casa... Dessas profissionais mesmo.

FUNCIONÁRIO:
Sim.

CLIENTE:
Pensei em usá-la.

FUNCIONÁRIO:
Não há restrição quanto a isso.

CLIENTE:
Eu sei... Quero gravar umas coisas...

FUNCIONÁRIO:
Para quem?

CLIENTE:
Eu te dou o endereço. [*pausa curta*] Você envia pra mim?

FUNCIONÁRIO:
Faço o que a senhora pedir.

CLIENTE:
Prometa que ninguém vai assistir.

FUNCIONÁRIO:
Como a senhora quiser. Só não poderá gravar sem a minha presença.

CLIENTE:
Não tem problema. Tenho fones de ouvido que cortam o som. Vai poder ficar perto e não escutar nada.

FUNCIONÁRIO:
Precisamos ir.

CLIENTE:
Vamos ficar mais cinco minutos.

Silêncio.

CLIENTE:
Você ama ela de verdade, não é?

FUNCIONÁRIO:
Ela é uma pessoa frágil.

CLIENTE:
Como você.

FUNCIONÁRIO:
Não sou frágil. A senhora está enganada.

CLIENTE:
Não há do que se envergonhar. De certa forma, ser frágil é o modo de estar mais perto da vida.

FUNCIONÁRIO:
De onde eu venho, se você é frágil, o Governo acaba com você.

CLIENTE:
Sei o que estou dizendo...

FUNCIONÁRIO:
A vida é muito difícil do lado de lá.

O funcionário baixa a cabeça.

CLIENTE:
E não baixe a cabeça. [*pausa*] Você se diminui baixando a cabeça desse jeito.

FUNCIONÁRIO:
A senhora não entende.

CLIENTE:
Entendo, sim, é difícil do Outro Lado. E para ser aceito, ter futuro, nem que isso implique ser um capacho do lado de cá, você precisa se anular, ser dócil, uma marionete que, no máximo, vai falar apenas sobre a previsão do tempo, porque se falar demais é visto como ameaça.

FUNCIONÁRIO:
Por que a senhora está falando essas coisas?

CLIENTE:
Porque daqui a sete horas e alguns minutos, você continuará tendo uma vida inteira pela frente. [*silêncio*] Preciso confessar que fiquei surpresa com isso de você aceitar quebrar as regras...

FUNCIONÁRIO:
Foi a primeira vez que falei com ela desde que fui admitido nesta função. [*pausa*] Para ela melhorar, receber o melhor tratamento possível, alguns protocolos tiveram de ser quebrados... Não há como salvá-la se a submeterem às rotinas-padrões, à rigidez demasiada... Para ela melhorar tive de inventar caminhos, coisas das quais não me orgulho.

CLIENTE:
Não importa, não quero saber... O que eu quero saber é: você prometeu um vestido azul-marinho de veludo pra ela...

FUNCIONÁRIO:
A senhora não deixa escapar nada.

CLIENTE:
Só a minha vida... Desculpe a piada sem graça.

FUNCIONÁRIO:
A senhora está no seu direito...

CLIENTE:
Pare... Não preciso que você tenha pena de mim.

FUNCIONÁRIO:
Na verdade, eu não ia...

CLIENTE:
Olha, não estou brincando, viu.

FUNCIONÁRIO:
Só me dei conta... Alguma coisa pode estar mesmo errada.

CLIENTE:
Com o seu glorioso Retorno Vinte e Um?

FUNCIONÁRIO:
Não, senhora. Comigo.

Blackout.

TERCEIRO ATO

As sete horas restantes (e um pouco antes)

Cena 7

Interior — sala da casa da cliente.

O funcionário está sentado à mesa, de lado para a cliente, ele usa fones de ouvido e a observa com a visão periférica. Não é possível ver o aparelho que está no bolso do seu avental.

A cliente está do outro lado da sala, filma a si mesma.

CLIENTE:
[*sentada na cadeira, diante da câmera*] Admito... A informação de que você está no país me deixou confusa... Estou constrangida... Quero que você testemunhe esse constrangimento... Desgraçado, você é o responsável por tudo isso, não é? Só você poderia... Num golpe sórdido... Só você faria as coisas que eu acabo de descobrir... Separe um pouco desse dinheiro que você pegou... [*olha irritada para a câmera*] Eu sei que você pegou... E mande para a minha velha mãe... Se puder, vá até lá visitá-la... Você sabe o quanto ela gosta de te ver... Não sei se a ideia foi sua, maldito... Tento me convencer de que não... Mas se foi, eu te

perdoo, saiba que me fez um favor... Aqui, nesse escuro, posso compreender que a nossa ambição foi parte duma coisa tragicamente menor... [*pausa*] Vingança é o nome do jogo, não é? Pois é, você venceu, criança... Duvido que a morte me faça lembrar de você... Se Deus existe... se tamanha crueldade existe, não irá me tratar tão mal... A morte não pode passar de morte, você não sabe como suplico por isso... [*pausa*] Nosso lugar é no inferno, sei que é exatamente isso que você está pensando... Pode ser... Mas saiba, nem lá você me encontrará novamente... Por fim, minha criança mimada... Só pra te fazer sofrer um pouco... Olha eu me iludindo, seu riquinho imprestável... Quero dizer uma coisa... [*pausa prolongada*] Eu te amo... Fique... Fique nesta vida para sofrer aos poucos, sufocando com o peso dessas três palavras... Juro que elas afundarão nessa tua cabeça... Rogo que você acorde cedo demais todas as manhãs com o peito amassado por elas e corra ao banheiro para chorar diante do espelho, se é que você... Não importa... Pra mim, o sofrimento acabou... Deixo suas mãos vazias... desocupadas... As minhas, ó... Sócio...

A cliente desliga a câmera.

O funcionário demora a perceber que ela terminou a gravação, mas quando percebe se levanta.

FUNCIONÁRIO:
Tudo bem com a senhora?

A cliente faz sinal para que ele tire os fones de ouvido.

CLIENTE:
Enganei a todos...

FUNCIONÁRIO:
Eu...

CLIENTE:
Mas enganei mais foi a mim mesma.

O funcionário consulta o relógio.

FUNCIONÁRIO:
Se a senhora puder ser mais...

CLIENTE:
Deixa pra lá... Nem todas as vinte e uma horas que vocês me deram seriam suficientes pra explicar.

FUNCIONÁRIO:
Temos de fazer a última aplicação, o quarto adesivo.

CLIENTE:
Por favor, não quero. Seja lá qual for a justificativa pra ter outro destes [*e passa a mão no pescoço*] colado no meu pescoço, não quero.

FUNCIONÁRIO:
É preciso.

CLIENTE:
Não posso enfrentar o office-boy de luxo, assim tão relaxada... Preciso da sua ajuda, por favor: deixa eu... Preciso aguçar os sentidos.

FUNCIONÁRIO:
Muito bem, mas aviso: se eu achar necessário, aplicarei o remédio.

CLIENTE:
Nem que seja à força.

FUNCIONÁRIO:
A senhora sabe que tenho minhas obrigações.

CLIENTE:
Sabe, se eu pudesse, não encontrava esse sujeito.

FUNCIONÁRIO:
Posso imaginar.

CLIENTE:
Não, você não pode. Essa gente é perigosa demais. Não tem lugar seguro se você tiver que se esconder deles.

FUNCIONÁRIO:
Eles não enfrentariam o Governo.

CLIENTE:
Não enfrentariam? Amigo, eles mandam no Governo. São os que ganham com a escravização do Outro Lado. Eles são o Governo.

FUNCIONÁRIO:
Se a senhora está dizendo.

CLIENTE:
Só que o jogo que eu jogo é ainda mais pesado. Água potável. [*pausa*] Tem produto mais valioso hoje em dia?

FUNCIONÁRIO:
Desconheço, senhora.

CLIENTE:
Prometi muita coisa pra essa gente... Coisas que nunca realizei.

FUNCIONÁRIO:
Como a senhora fará?

CLIENTE:
Eles precisam das informações que só eu tenho.

FUNCIONÁRIO:
Não sei se vou poder ajudar.

CLIENTE:
Não estou pedindo ajuda. [*silêncio*] Só mais uma coisa sobre a minha morte.

FUNCIONÁRIO:
A senhora sabe que eu não posso responder.

CLIENTE:
É comum os clientes não terem a menor ideia de como morreram?

FUNCIONÁRIO:
Não. Os clientes costumam se lembrar... Por isso o antidepressivo é tão importante... Nunca acompanhei um que não conseguisse se lembrar. A senhora é a primeira.

A cliente começa a ficar ofegante.

FUNCIONÁRIO:
Preciso fazer a aplicação.

CLIENTE:
Não.

FUNCIONÁRIO:
A senhora não precisa sofrer.

CLIENTE:
Este é o pouco de vida que eu tenho... São as últimas emoções que me restam... E eu acho que realmente preciso dele. [*pausa*] Hora de colher o que plantei.

FUNCIONÁRIO:
É que eu realmente não vou poder ajudar se...

CLIENTE:
Realmente, realmente, realmente. Viramos a dupla do realmente... Não tem nada de realmente nesta vida... A diferença entre nós dois não é só de qual lado viemos... É que conheço o tamanho da desgraça da realidade... Muito mais do que você... E não adianta dizer que você conhece o que é opressão porque veio daquela reserva de corpos fodidos que é o Outro Lado... Eu conheço como funciona a opressão... É muito mais terrível do que sua mente iludida pode imaginar.

O funcionário consulta as horas.

FUNCIONÁRIO:
Faltam cinco minutos para o representante dos seus patrocinadores bater naquela porta.

CLIENTE:
Vamos lá em cima, quero pegar um relógio de pulso... Mas antes preciso que você me ajude a fazer uma coisa.

Blackout.

Cena 8

Interior — sala de estar.

A cliente e o representante dos credores estão sentados à mesa da sala, um de frente para o outro.

O funcionário está em pé observando a cliente.

Diante do representante dos credores, sobre o tampo da mesa, estão um bloco e uma caneta.

REPRESENTANTE:
Você está me enrolando.

O representante consulta o relógio.

REPRESENTANTE:
Já se passaram cinquenta minutos e você não disse nada do que deveria.

A cliente não responde, apenas olha, absorta, para as próprias mãos.

REPRESENTANTE:
Vou perguntar mais uma vez: onde estão os planos, as aprovações feitas em caráter sigiloso dos departamentos governamentais que você deveria ter passado para nós e não passou?

CLIENTE:
Já disse, os planos foram entregues a duas empresas de auditoria que se reportarão diretamente a vocês assim que os pareceres ficarem prontos.

REPRESENTANTE:
Quais são essas empresas de auditoria?

CLIENTE:
Não vou dizer. Elas não podem ser pressionadas. Quando a análise ficar pronta, você vai saber.

REPRESENTANTE:
Você disse que os honorários já foram pagos.

CLIENTE:
Integralmente.

REPRESENTANTE:
Onde estão os recibos?

CLIENTE:
Sob a custódia do meu banco.

REPRESENTANTE:
E o adiantamento das despesas governamentais?

CLIENTE:
Você é mesmo um cara de pau de me perguntar isso.

Olha na direção do funcionário.

REPRESENTANTE:
Onde está o dinheiro das despesas?

CLIENTE:
Com gente séria que confiou em mim.

REPRESENTANTE:
Você recebeu milhões só para fazer isso. Como você espera que o consórcio concorde?

CLIENTE:
Não posso ser responsabilizada por ficar subitamente impossibilitada de prosseguir com as negociações. Você sabe. Só eu consigo encontrar e juntar todas as pontas soltas.

REPRESENTANTE:
Mas você está...

CLIENTE:
Tecnicamente, ainda não. Ou tecnicamente, sim, mas na prática ainda não.

Ri.

REPRESENTANTE:
Continua me enrolando. Vamos de novo. Do começo.

A cliente se levanta.

CLIENTE:
Você vai continuar fingindo que não sabe...

REPRESENTANTE:
Não sei o quê?

CLIENTE:
Que os seus patrões me mataram.

O representante se levanta, tira um celular do bolso do casaco, caminha em direção à plateia, liga para alguém.

REPRESENTANTE:
Preciso da autorização.

E desliga.

CLIENTE:
[*absolutamente séria*] O que você está fazendo?

REPRESENTANTE:
Você pediu de joelhos.

CLIENTE:
Então nossa conversa se encerra aqui.

O representante olha para o funcionário.

REPRESENTANTE:
Preciso da lista das drogas que vocês ministraram nela.

O funcionário não responde.

REPRESENTANTE:
[*voltando-se para a cliente*] Ninguém que lhe deu tanto dinheiro mandaria matar você.

A cliente o encara.

REPRESENTANTE:
Estou aqui porque preciso dos nomes.

CLIENTE:
E que eu devolva o dinheiro.

REPRESENTANTE:
Com a mesma boa-fé que você o recebeu.

CLIENTE:
Quanto eles vão te pagar se, por um milagre, essa nossa negociação for bem-sucedida? Cinco por cento do ganho do cliente? Três por cento? Menos?

REPRESENTANTE:
Você não entende mesmo.

CLIENTE:
Pra quem você ligou? Você mostra o seu, eu mostro o meu.

O representante hesita.

REPRESENTANTE:
Pedi que conseguissem uma autorização judicial para retirá-la daqui.

A cliente caminha ao redor do representante.

CLIENTE:
Sem chance. O contrato do programa sobrevida não permite.

REPRESENTANTE:
Você sabe que temos todas as chances. [*pausa*] Mas ainda acho que o melhor caminho é...

CLIENTE:
Não pense que caio nessa tática barata de primeiro morde e depois assopra.

REPRESENTANTE:
Estou apenas jogando limpo, como você propôs.

A cliente hesita.

CLIENTE:
Nossa conversa termina aqui, seu escroto.

REPRESENTANTE:
Você não percebe? Essa é a nossa principal alegação...

CLIENTE:
Qual?

REPRESENTANTE:
Você não está cooperando e o seu dever contratual é cooperar.

CLIENTE:
Pode trazer o seu mandado, todos os oficiais de justiça que quiser. Sabe o que você vai me proporcionar? Vai me proporcionar

um belo passeio de carro. O deslocamento até o prédio de vocês deve durar uns trinta, quarenta minutos... É tudo o que eu quero... Um passeio de carro. Eu e o meu amigão aqui... [*olhando para o funcionário*] Diz pra ele, Dois Um.

REPRESENTANTE:
O seu acompanhante não irá conosco.

CLIENTE:
Que piada. Não tem juiz que despacharia custódia exclusiva.

REPRESENTANTE:
Tem, sim. Posso garantir.

CLIENTE:
Há quanto tempo você está formado, meu rapaz?

REPRESENTANTE:
Doze anos. Se você quer saber.

CLIENTE:
E não perdeu o jeito de novato.

REPRESENTANTE:
Estou jogando limpo com você.

CLIENTE:
Por que não mandaram alguém mais experiente?

REPRESENTANTE:
Alguém à sua altura?

CLIENTE:
Alguém que saiba fazer acordos.

REPRESENTANTE:

Tudo bem... Vou lhe propor o seguinte: você entrega metade dos honorários pagos e 80% do adiantamento das despesas...

CLIENTE:

E?

REPRESENTANTE:

E, como já disse antes, nós não importunaremos as pessoas que foram listadas em conjunto por você e o consórcio quando celebraram o contrato de intermediação.

CLIENTE:

O que você quer dizer com importunar?

REPRESENTANTE:

Use a imaginação. Imaginar não é o seu forte?

CLIENTE:

No momento, estou tentando imaginar como vocês me mataram.

REPRESENTANTE:

Vou pedir que me deixe de fora dessa sua acusação.

CLIENTE:

Tá bem.

REPRESENTANTE:

Se acha mesmo isso, por que não solicita a presença de um representante do Ministério Público e formaliza uma acusação?

CLIENTE:

Eu já não estaria aqui quando o promotor chegasse.

REPRESENTANTE:
Isso é verdade.

CLIENTE:
Fiz a denúncia mais cedo. Não tenho provas consistentes, como vocês gostam de dizer, mas tenho bons indícios. [*pausa rápida*] Demorei demais para resolver as coisas. E eles resolveram me matar.

O representante não responde.

CLIENTE:
A propósito, por que você não está gravando a nossa conversa?

REPRESENTANTE:
Não costumo gravar.

CLIENTE:
Você sabe que é meio burrice da grande não gravar.

REPRESENTANTE:
Julgue como quiser.

Os dois ficam em silêncio.

A cliente olha na direção do funcionário.

CLIENTE:
Dois Um.

O funcionário se aproxima, já com a bandeja onde está o último adesivo.

CLIENTE:
Você leu meus pensamentos.

O funcionário fala bem próximo ao ouvido da cliente.

FUNCIONÁRIO:
Parabéns. A senhora resistiu bravamente.

O funcionário cola o adesivo no pescoço da cliente.

O telefone do representante toca, ele atende e em seguida desliga.

O representante espera o funcionário se afastar da cliente e se aproxima dele, com o caderno de anotações e caneta nas mãos.

O representante escreve alguma coisa no caderno de anotações e mostra para o funcionário.

O funcionário lê.

O funcionário arranca o caderno das mãos do representante e o arrasta para fora da sala.

REPRESENTANTE:
Você vai se complicar, rapaz.

O funcionário expulsa-o da casa.

REPRESENTANTE:
Você pagará caro por isso.

O funcionário tranca a porta, retorna para junto da cliente.

CLIENTE:
O que foi isso, Dois Um?

FUNCIONÁRIO:
Ele mereceu.

CLIENTE:
Você sabe que ele voltará.

FUNCIONÁRIO:
Sim. Ele voltará.

CLIENTE:
Agora me mostra esse caderno. [*apontando para o caderno de anotações que está na mão do funcionário*]

FUNCIONÁRIO:
Acho melhor guardar comigo.

CLIENTE:
Do que vai lhe servir?

FUNCIONÁRIO:
Talvez sirva para me manter vivo.

CLIENTE:
Eu não existo do meu jeito, você não existe do seu.

FUNCIONÁRIO:
É um ponto de vista interessante, senhora.

Blackout.

Cena 9

Interior — sala de estar.

A cliente e o funcionário estão sentados à mesa.

O funcionário faz algumas anotações no computador, que está sobre a mesa.

A cliente consulta o relógio que está em seu pulso.

FUNCIONÁRIO:
A senhora estava certa.

CLIENTE:
Graças a você.

FUNCIONÁRIO:
Não. Graças à sua coragem.

CLIENTE:
Homens fracos. Eu nunca me engano quando encontro um.

FUNCIONÁRIO:
Desculpe se não fui melhor.

CLIENTE:
Não se desculpe. Você não é um homem fraco.

FUNCIONÁRIO:
Faltam menos de quinze minutos.

CLIENTE:
Sabe o que me deixa puta da cara? [*pausa*] Desaparecerei com o mesmo sentimento que me perseguiu a vida toda... Essa sensação de estar sendo usada. [*pausa*] De não conseguir parar o jogo...

FUNCIONÁRIO:
Sair do jogo...

CLIENTE:
Perfeito, Dois Um.

FUNCIONÁRIO:
Não me chame de Dois Um, senhora.

A cliente balança a cabeça concordando.

FUNCIONÁRIO:
O endereço para onde devo enviar a gravação... Fica no Outro Lado, não fica?

CLIENTE:
Como você sabe?

FUNCIONÁRIO:
Vim de lá. Esqueceu?

Silêncio duradouro.

CLIENTE:
Sou do Outro Lado também.

FUNCIONÁRIO:
A senhora não parece ter vindo do Outro Lado.

CLIENTE:
Apesar da cor da minha pele.

FUNCIONÁRIO:
Tem muitas pessoas da sua cor que nasceram do lado de cá.

CLIENTE:
Mas 90% continua do lado de lá.

FUNCIONÁRIO:
E como conseguiu?

CLIENTE:
Conto a história se você me deixar ver as anotações do representante do consórcio.

O funcionário não diz nada.

CLIENTE:
Falta tão pouco, senhora.

Novo silêncio duradouro.

CLIENTE:
Você vai sentir minha falta. Não vai?

FUNCIONÁRIO:
Nunca tive uma cliente como a senhora.

CLIENTE:
[*faz cara de reprovação*] Fico pensando o que está subentendido nessa sua frase.

FUNCIONÁRIO:
Desculpe, eu não quis...

CLIENTE:
Esquece.

FUNCIONÁRIO:
Posso ser sincero?

CLIENTE:
Sim, Dois Um... Desculpe.

FUNCIONÁRIO:
Uma pessoa como a senhora, vindo de onde veio, dando um nó nas cabeças dos homens das grandes empresas.

CLIENTE:
Os chefões não passam de homenzinhos desesperados por saídas fáceis, por atalhos, pelo doce maior no balcão...

FUNCIONÁRIO:
Simples assim?

CLIENTE:
Quase isso.

A cliente deita a cabeça sobre o tampo da mesa.

FUNCIONÁRIO:
A senhora está bem?

CLIENTE:
Quero olhar o meu corpo.

FUNCIONÁRIO:
Não pense em tirar a malha. Posso garantir: não vale a pena.

CLIENTE:
No fim... Como será? Eu apagarei?

FUNCIONÁRIO:
Sem se dar conta.

A cliente consulta o relógio no pulso.

CLIENTE:
Falta pouco.

FUNCIONÁRIO:
Por favor, estenda a mão. Preciso ver a palma da sua mão.

A cliente estende a mão.

O funcionário habilmente aplica uma picada nela.

A cliente recolhe a mão.

CLIENTE:
O que foi isso? Pareceu ponta de agulha quente.

FUNCIONÁRIO:
Eu deveria ter aplicado uma hora atrás.

CLIENTE:
Como assim?

FUNCIONÁRIO:
O que está em seu corpo, agora, é um sonífero que faz efeito uma hora depois da aplicação.

CLIENTE:
Quer dizer...

FUNCIONÁRIO:
Mais sessenta minutos, além das vinte e uma horas. Talvez não tanto... Não sei dizer... Desculpe.

CLIENTE:
E pode?

FUNCIONÁRIO:
Vamos descobrir.

O funcionário se levanta, caminha na direção da porta.

CLIENTE:
Vou tirar essa malha. Preciso olhar meu corpo, vestir uma das minhas roupas. Não me sinto eu mesma com isso me apertando os braços.

FUNCIONÁRIO:
Sugiro que troque de roupa no escuro. Eu estarei lá fora na praça, senhora.

O funcionário tira o avental, abre a porta.

FUNCIONÁRIO:
Está um dia lindo.

CLIENTE:
Eu me suicidei, não foi? [*pausa*] Foi isso que você leu no caderno do advogado.

FUNCIONÁRIO:
Você tem menos de uma hora, senhora. E lembre-se: troque de roupa no escuro.

CLIENTE:
As respostas... No meu corpo...

FUNCIONÁRIO:
As respostas não estão mais no seu corpo. Não estão mais aqui.

Silêncio.

CLIENTE:
Tenho um vestido de veludo cinza puxando para o azul... Leva pra sua amiga, por favor...

O funcionário aquiesce com a cabeça.

CLIENTE:
Me diz... Qual o seu nome?

O funcionário sorri.

FUNCIONÁRIO:
Impensável.

O funcionário sai.

CLIENTE:
[*sorrindo, falando para si mesma*] Maldito. Seu maldito.

Blackout.

FIM

Funcionário contra funcionário

A cena se abre e vê-se um ambiente que lembra o de um hospital: asséptico, frio, esvaziado de qualquer singularidade. Há pouquíssimos móveis, apenas o essencial, e quatro adesivos coloridos depositados sobre uma bandeja. Um homem está em pé à espera de que algo aconteça. Uma mulher, que se achava inconsciente sobre uma cama hospitalar, acorda de repente, um tanto desorientada. Era isso que precisava acontecer para que a ação tivesse início. Era isso que o homem esperava.

O despertar repentino da mulher, no entanto, não é da mesma natureza que o despertar de um coma ou, numa visão mais otimista, de uma anestesia geral, mas o despertar depois da morte. O homem não é um enfermeiro, mas um funcionário do governo. E a mulher rediviva não é uma paciente, mas uma cliente de um serviço prestado pelo governo. O ambiente, por sua vez, não é o de um hospital, mas o de uma sala de ressuscitação. Os adesivos coloridos, por fim, não são curativos, mas uma droga que impede de mentir.

Num tempo e num lugar indeterminados, aquele que é nomeado como Governo do Sul desenvolveu um método de ressuscitação dos corpos e passou a oferecer às pessoas a possibilidade de que elas vivam por mais vinte e uma horas, com a condição de que, nas primeiras sete, elas acertem suas dívidas com o fisco. O serviço, que se chama Retorno Vinte e Um, não é barato, muito pelo contrário. Assim, a oferta não se encontra aberta a todos, mas apenas àqueles que dispõem de altos recursos para contratá-la: os muito ricos.

Esta não é a única perversidade do "Retorno Vinte e Um", nem a pior delas. Conforme descreve a rubrica inicial:

"O contratante que, por sua própria conta, não tiver condições de arcar com o preço total do serviço poderá ser patrocinado por outras pessoas, ficando, no entanto, à disposição desses eventuais patrocinadores por sete horas das catorze horas restantes."

Essa cláusula abre a possibilidade de que grandes empresas contratem o serviço "para que possam obter dos seus executivos de alto escalão algumas informações relacionadas ao trabalho que ainda não tenham sido reveladas". Ou seja, nesse caso, o beneficiário do Retorno Vinte e Um não é propriamente um cliente, mas ainda um funcionário a serviço da empresa, mesmo quando se trata de um executivo de alto escalão. Afinal, quatro doses da droga que impedem o ressuscitado de mentir serão aplicadas, em intervalos determinados, no decorrer das vinte e uma horas.

É essa a condição da cliente dessa perturbadora peça de Paulo Scott. Pouco depois de ela acordar, o funcionário explica como o serviço funciona:

"Nas primeiras sete horas, a senhora acertará suas obrigações com o Estado. Nas sete horas seguintes, o tempo será para seu uso privado. Nas sete horas restantes, ficará à disposição das empresas que patrocinaram a contratação do serviço de sobrevida. Um representante do consórcio contratante, um advogado, virá entrevistá-la, ele..."

Ela, então, o interrompe para exclamar: "Socorro!"

Não por acaso, ao longo da peça — que se divide em três atos, cada um deles correspondente aos sucessivos períodos de sete horas, "o tempo do governo", "o tempo da cliente" e o tempo com o representante dos credores —, vai se criando certa cumplicidade entre os dois personagens principais sem nomes próprios, a cliente e o funcionário. Ao longo do desenvolvimento dramático, eles — mas sobretudo ela — vão se dando conta de que ambos são funcionários, isto é, ambos estão ali a serviço: ele, do governo; ela, da empresa de que era contratada. A cliente mesma esclarece para o funcionário: "Olha, Dois Um [apelido que ela lhe dá], não passo de uma intermediária em investimentos no setor de extração, industrialização e distribuição de água pro exterior."

Os dois personagens não apenas servem ao sistema; eles *são parte* do sistema colocado em marcha, nessa distopia criada por Scott, pelo Governo do Sul e por grandes empresas e corporações como aquela a que a cliente se vincula, uma empresa que comercializa água, um dos bens mais fundamentais para a sobrevivência da humanidade e que, com as mudanças climáticas por que passa o planeta, tende a se tornar cada vez mais escasso. Por isso, na peça, ser a água motivo de disputas. A justificativa da cliente para que tenha feito negociações sigilosas não é outra: "guerra e segurança nacional".

O mais cruel — ou o *crucial*, como indica o título da peça — é a cliente e o funcionário se perceberem oriundos do mesmo lugar, o Outro Lado, a periferia daquele mundo, um lugar mais duro, mais violento, mais insalubre. E essa descoberta os aproxima, ao mesmo tempo que torna ainda mais evidente o abismo econômico e social que há, naquela sociedade, entre o Outro Lado e o lado do poder. "Sou do Outro Lado também", revela a cliente. Ao que o funcionário retruca: "A senhora não parece ter vindo do outro lado." E a cliente complementa: "Apesar da cor da minha pele." Pertencer ao Outro Lado é também uma questão de pele. "Tem muitas pessoas da sua cor que nasceram do lado de cá", diz o funcionário. "Mas noventa por cento continua do lado de lá", acrescenta a cliente.

A peça, que ganhou seu primeiro prêmio em 2006, continua atualíssima ao fornecer uma visão alegórica da sociedade brasileira. No embate de funcionário contra funcionário, ambos perdem. Ambos sempre vão perder se eles continuam a servir a quem detém os bens decisivos para a vida ou legisla sobre eles, não importando quão alto possam estar, em determinado momento, na escala social.

Veronica Stigger
Escritora, crítica de arte e professora
Junho de 2023

CIP-BRASIL. CATALOGAÇÃO NA PUBLICAÇÃO
SINDICATO NACIONAL DOS EDITORES DE LIVROS, RJ

S439c

Scott, Paulo, 1966-

Crucial dois um / Paulo Scott. - 1. ed. - Rio de Janeiro : Cobogó, 2023.

136 p. ; 19 cm. (Dramaturgia)

ISBN 978-65-5691-107-6

1. Teatro brasileiro. l. Título. ll. Série.

23-85061   CDD: 869.2
           CDU: 82-2(81)

Meri Gleice Rodrigues de Souza - Bibliotecária - CRB-7/6439

© Editora de Livros Cobogó, 2023

Editora-chefe
Isabel Diegues

Editora
Julia Barbosa

Gerente de produção
Melina Bial

Assistente de produção
Bento Gonzalez

Revisão final
Eduardo Carneiro

Projeto gráfico de miolo e diagramação
Mari Taboada

Capa
André Victor

Obra da capa
Carla Santana

Foto obra da capa
Filipe Berndt

Foto autor orelha
Renato Parada

Nenhuma parte desta obra pode ser reproduzida, adaptada, encenada, registrada em imagem e/ou som, ou transmitida de nenhuma forma ou por nenhum meio sem a permissão expressa e por escrito da Editora Cobogó.

A opinião dos autores do livro nao reflete necessariamente a opinião da Editora Cobogó.

Todos os direitos reservados à
Editora de Livros Cobogó Ltda.
Rua Gen. Dionísio, 53, Humaitá
Rio de Janeiro – RJ – Brasil – 22271-050
www.cobogo.com.br

COLEÇÃO DRAMATURGIA

ALGUÉM ACABA DE MORRER LÁ FORA, de Jô Bilac

NINGUÉM FALOU QUE SERIA FÁCIL, de Felipe Rocha

TRABALHOS DE AMORES QUASE PERDIDOS, de Pedro Brício

NEM UM DIA SE PASSA SEM NOTÍCIAS SUAS, de Daniela Pereira de Carvalho

OS ESTONIANOS, de Julia Spadaccini

PONTO DE FUGA, de Rodrigo Nogueira

POR ELISE, de Grace Passô

MARCHA PARA ZENTURO, de Grace Passô

AMORES SURDOS, de Grace Passô

CONGRESSO INTERNACIONAL DO MEDO, de Grace Passô

IN ON IT | A PRIMEIRA VISTA, de Daniel MacIvor

INCÊNDIOS, de Wajdi Mouawad

CINE MONSTRO, de Daniel MacIvor

CONSELHO DE CLASSE, de Jô Bilac

CARA DE CAVALO, de Pedro Kosovski

GARRAS CURVAS E UM CANTO SEDUTOR, de Daniele Avila Small

OS MAMUTES, de Jô Bilac

INFÂNCIA, TIROS E PLUMAS, de Jô Bilac

NEM MESMO TODO O OCEANO, adaptação de Inez Viana do romance de Alcione Araújo

NÔMADES, de Marcio Abreu e Patrick Pessoa

CARANGUEJO OVERDRIVE, de Pedro Kosovski

BR-TRANS, de Silvero Pereira

KRUM, de Hanoch Levin

MARÉ/PROJETO bRASIL, de Marcio Abreu

AS PALAVRAS E AS COISAS, de Pedro Brício

MATA TEU PAI, de Grace Passô

ÃRRÃ, de Vinicius Calderoni

JANIS, de Diogo Liberano

NÃO NEM NADA, de Vinicius Calderoni

CHORUME, de Vinicius Calderoni

GUANABARA CANIBAL, de Pedro Kosovski

TOM NA FAZENDA, de Michel Marc Bouchard

OS ARQUEÓLOGOS, de Vinicius Calderoni

ESCUTA!, de Francisco Ohana

ROSE, de Cecilia Ripoll

O ENIGMA DO BOM DIA, de Olga Almeida

A ÚLTIMA PEÇA, de Inez Viana

BURAQUINHOS OU O VENTO É INIMIGO DO PICUMÃ, de Jhonny Salaberg

- PASSARINHO, de Ana Kutner
- INSETOS, de Jô Bilac
- A TROPA, de Gustavo Pinheiro
- A GARAGEM, de Felipe Haiut
- SILÊNCIO.DOC, de Marcelo Varzea
- PRETO, de Grace Passô, Marcio Abreu e Nadja Naira
- MARTA, ROSA E JOÃO, de Malu Galli
- MATO CHEIO, de Carcaça de Poéticas Negras
- YELLOW BASTARD, de Diogo Liberano
- SINFONIA SONHO, de Diogo Liberano
- SÓ PERCEBO QUE ESTOU CORRENDO QUANDO VEJO QUE ESTOU CAINDO, de Lane Lopes
- SAIA, de Marcéli Torquato
- DESCULPE O TRANSTORNO, de Jonatan Magella
- TUKANKÁTON + O TERCEIRO SINAL, de Otávio Frias Filho
- SUELEN NARA IAN, de Luisa Arraes
- SÍSIFO, de Gregorio Duvivier e Vinicius Calderoni
- HOJE NÃO SAIO DAQUI, de Cia Marginal e Jô Bilac
- PARTO PAVILHÃO, de Jhonny Salaberg
- A MULHER ARRASTADA, de Diones Camargo
- CÉREBRO_CORAÇÃO, de Mariana Lima
- O DEBATE, de Guel Arraes e Jorge Furtado
- BICHOS DANÇANTES, de Alex Neoral
- A ÁRVORE, de Silvia Gomez
- CÃO GELADO, de Filipe Isensee
- PRA ONDE QUER QUE EU VÁ SERÁ EXÍLIO, de Suzana Velasco
- DAS DORES, de Marcos Bassini
- VOZES FEMININAS — NÃO EU, PASSOS, CADÊNCIA, de Samuel Beckett
- PLAY BECKETT — UMA PANTOMIMA E TRÊS DRAMATÍCULOS (ATO SEM PALAVRAS II | COMÉDIA/PLAY | CATÁSTROFE | IMPROVISO DE OHIO), de Samuel Beckett
- MACACOS — MONÓLOGO EM 9 EPISÓDIOS E 1 ATO, de Clayton Nascimento
- A LISTA, de Gustavo Pinheiro
- SEM PALAVRAS, de Marcio Abreu

COLEÇÃO DRAMATURGIA ESPANHOLA

A PAZ PERPÉTUA, de Juan Mayorga | Tradução Aderbal Freire-Filho

ATRA BÍLIS, de Laila Ripoll | Tradução Hugo Rodas

CACHORRO MORTO NA LAVANDERIA: OS FORTES, de Angélica Liddell | Tradução Beatriz Sayad

CLIFF (PRECIPÍCIO), de José Alberto Conejero | Tradução Fernando Yamamoto

DENTRO DA TERRA, de Paco Bezerra | Tradução Roberto Alvim

MÜNCHAUSEN, de Lucía Vilanova | Tradução Pedro Brício

NN12, de Gracia Morales | Tradução Gilberto Gawronski

O PRINCÍPIO DE ARQUIMEDES, de Josep Maria Miró i Coromina Tradução Luís Artur Nunes

OS CORPOS PERDIDOS, de José Manuel Mora | Tradução Cibele Forjaz

APRÈS MOI, LE DÉLUGE (DEPOIS DE MIM, O DILÚVIO), de Lluïsa Cunillé | Tradução Marcio Meirelles

COLEÇÃO DRAMATURGIA FRANCESA

É A VIDA, de Mohamed El Khatib | Tradução Gabriel F.

FIZ BEM?, de Pauline Sales | Tradução Pedro Kosovski

ONDE E QUANDO NÓS MORREMOS, de Riad Gahmi | Tradução Grupo Carmin

PULVERIZADOS, de Alexandra Badea | Tradução Marcio Abreu

EU CARREGUEI MEU PAI SOBRE MEUS OMBROS, de Fabrice Melquiot | Tradução Alexandre Dal Farra

HOMENS QUE CAEM, de Marion Aubert | Tradução Renato Forin Jr.

PUNHOS, de Pauline Peyrade | Tradução Grace Passô

QUEIMADURAS, de Hubert Colas | Tradução Jezebel De Carli

COLEÇÃO DRAMATURGIA HOLANDESA

EU NÃO VOU FAZER MEDEIA, de Magne van den Berg | Tradução Jonathan Andrade

RESSACA DE PALAVRAS, de Frank Siera | Tradução Cris Larin

PLANETA TUDO, de Esther Gerritsen | Tradução Ivam Cabral e Rodolfo García Vázquez

NO CANAL À ESQUERDA, de Alex van Warmerdam | Tradução Giovana Soar

A NAÇÃO — UMA PEÇA EM SEIS EPISÓDIOS, de Eric de Vroedt | Tradução Newton Moreno

2023

———————

1ª impressão

Este livro foi composto em Calluna.
Impresso pela BMF Gráfica e Editora,
sobre papel Pólen Bold 70g/m².